Deine Reise mit der Raupe Jona
Das Mitmachbuch, um dich besser kennenzulernen.
Aline Richstein &
Josephine Helfricht
AF307769

Bibliografische Information der Deutschen Nationalbibliothek: Die Deutsche Nationalbibliothek verzeichnet diese Publikation in der Deutschen Nationalbibliografie; detaillierte bibliografische Daten sind im Internet über dnb.dnb.de abrufbar.

Inspiriert durch die verschiedenen Aspekte einer gelungenen Resilienz, sind Aufgaben entstanden, welche die Kinder zur Stärkung ihrer Resilienz und ihres Selbstbewusstseins bearbeiten können. Dies geschieht auf anschauliche Art und Weise und mithilfe der Raupe „Jona", die am Ende des Buches der Verwandlung in einen Schmetterling immer näherkommt.

© 2025 Aline Richstein, Josephine Helfricht

Foto der Autorin&Illustratorin: Dennis Pakulat

Verlag: BoD · Books on Demand GmbH,
        Überseering 33, 22297 Hamburg, bod@bod.de

Druck: Libri Plureos GmbH, Friedensallee 273, 22763 Hamburg

ISBN: 978-3-8192-7804-4

Aline Richstein &
Josephine Helfricht

Die Reise
mit der Raupe Jona

Hallo Du,

ich bin die Raupe Jona und würde mich selber gerne besser kennenlernen.

Dafür begebe ich mich auf eine Abenteuerreise.

Begleitest du mich?

Gemeinsam werden wir uns kleinen Prüfungen stellen, bei denen wir viel Neues über uns lernen werden. Dafür brauchen wir eine Portion Mut und Neugier! Für jede bestandene Prüfung sammeln wir einen passenden Gegenstand, der uns an unsere bestandene Prüfung erinnert.

Los geht's!

„Hans im Glück"

Diese Prüfung soll das Selbstvertrauen der
Raupe Jona stärken: Sie tauscht einen
Tag lang Gegenstände mit Anderen.
Nun bist du dran!

Was hast du über dich gelernt?

Inwiefern hast du dich vor der Prüfung
anders gefühlt als nach der Prüfung?

Welche Strategien hast du genutzt,
um deinen Gegenstand zu tauschen?

**Tipp für Jona
und Dich:**

Startet mit einer
Büroklammer.

„Spieglein, Spieglein"

Diese Prüfung soll das Selbstbewusstsein von Jona stärken.

Sie guckt einen Tag lang alle Menschen grimmig an und einen Tag lang fröhlich. Sie wird schnell merken, dass sie mit ihrer Art beeinflussen kann, wie Andere sie wahrnehmen. Bist du dabei?

Wie hast du dich vor und wie nach der Prüfung gefühlt?

Tipp für Jona und Dich:

Nutzt zu Beginn des Tages einen Spiegel zum Üben.

„Das bin ich und das kann ich!"

Nun soll Jona einen Tag lang aufschreiben,
was sie gut kann und wie sie sich beschreiben
würde. Denn so, wie sie ist, ist sie wunderbar!
Nimm' dir einen Zettel und einen Stift!

Inwiefern hast du bei der Prüfung etwas Neues
über dich gelernt?

Tipp für Jona und Dich:

Befragt im Anschluss
eure Freunde und
eure Familie dazu.

$$\frac{\left(\frac{3^2}{x}+\frac{1}{4}\right)\cdot x + 3x}{2^2 = \Omega 1}$$

„Deine Gesichter"

Jona prüft, inwiefern sich ihr Verhalten gegenüber
Lehrern, Eltern und Freunden voneinander unter-
scheidet und wie sie sich dabei fühlt.

Stell dir vor, du hättest dich in bestimmten
Situationen anders verhalten. Wie hättest
du dich dann gefühlt?

Tipp für Jona und Dich:

Probiert auch mal
neue Verhaltensweisen aus.

„Mutmacher"

Jona hat manchmal Probleme damit, an sich zu glauben, also daran, dass sie alle Herausforder- ungen meistern kann. Deshalb soll sie nun eigene, mutige Handlungen aufschreiben.

Was hast du bei der Prüfung über dich gelernt?

Inwiefern hast du vor der Prüfung
anders gefühlt als nach der Prüfung?

Tipp für Dich und Jona:

Ihr könnt selber bestimmen,
welche Handlung für euch mutig war.

„Ich bin meines Glückes Schmied"

Jona ist noch nicht richtig klar, dass sie ganz viel
Einfluss darauf nehmen kann, ob sie glücklich ist.
Aus diesem Grund soll sie nun darüber nachdenken,
welche Handlungen sie glücklich und welche
sie unglücklich machen.

Tipp für Jona und Dich:

Ihr könnt alle Handlungen, die euch
glücklich machen und auch alle, die euch
unglücklich machen, notieren. Nun könnt
ihr die Handlungen, die euch glücklich
machen, nummerieren, wobei 1 heißt,
dass sie euch sehr glücklich machen.

„60 Sekunden zum Glück"

Jona hat jetzt herausgefunden, welche Handlungen sie glücklich machen. Nun soll sie innerhalb von 60 Sekunden aufschreiben, wie sie diese Handlungen in den nächsten Tagen umsetzen beziehungsweise wie und wann sie diese in ihren Alltag einbinden kann.
Bist du auch bereit zu starten?

Wie fühlst du dich nach der Übung?

Inwiefern brauche ich bei meinem Vorhaben Hilfe von Anderen?

Was geht dir nach der Übung durch den Kopf?

Tipp für Dich und Jona:

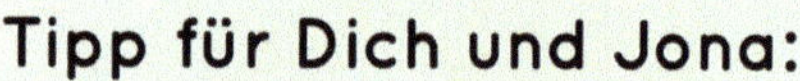

Nehmt eine Stoppuhr, einen Zettel und einen Stift.

@!★x2b¿&
ENTSCHULDIGE

„Der Fehlerfreund"

Jona ist schon viel zufriedener als noch vor einiger
Zeit. Allerdings hat sie plötzlich einen Streit mit einem
Herzensmenschen. Die letzte Prüfung ist es nun, dass
Jona sich zunächst überlegt was sie wütend gemacht
hat, wo sie es im Körper spürt und welche möglichen
Verhaltensweisen es gibt.

Tipp für Jona und Dich:

Wahrscheinlich wählt ihr
nicht immer die passende
Verhaltensweise,
aber jeder macht
einmal Fehler. Größe
besitzen Diejenigen,
die ihre Fehler
erkennen, akzeptieren
und sich entschuldigen.

Mutige Raupe,
hier lang, um ein
Schmetterling
zu werden!

Dein Wegbegleiter

Brauchst du jemanden, der dich daran erinnert, wie wunderbar du bist und was dich glücklich macht? Dann schneide die kleine Jona aus und lege sie zum Beispiel in die Federtasche, Jackentasche, Handyhülle.

Foto: Dennis Pakulat

Josephine Helfricht studierte Illustration in der Stadt Berlin, in der sie lebt, lacht und zeichnet.

Aline Richstein ist seit 2018 begeisterte Lehrerin an einer Berliner Oberschule. Im Rahmen ihres Unterrichts hat sie bereits ein Heft zur Persönlichkeitsstärkung entwickelt, welches aufgrund der positiven Resonanz auch die Inspiration für das Kinderbuch war.

Viel Spaß auf deiner
Reise gemeinsam mit
der Raupe Jona.
Wer weiß, vielleicht
wachst ihr beide am
Ende über euch selbst
hinaus!